Ernst Liebecke

Praktisches Lehrbuch der Hypnose und Suggestion

Sarastro Verlag

Ernst Liebecke

Praktisches Lehrbuch der Hypnose und Suggestion

1. Auflage 2012 | ISBN: 978-3-86471-119-0

Erscheinungsort: Paderborn, Deutschland

Sarastro GmbH, Paderborn. Alle Rechte beim Verlag.

Nachdruck des Originals von 1912.

Ernst Liebecke

Praktisches Lehrbuch der Hypnose und Suggestion

Sarastro Verlag

Praktisches Lehrbuch

der

Hypnose und Suggestion

Von

Ernst Liebecke

Leipzig

Verlag Hachmeister & Thal

1912

Uralte Macht.

Wie wir diese Wissenschaft auch nennen mögen, ob Mesmerismus, Braidismus, Hypnotismus usw., immer ist von einer uralten Macht die Rede, welche fast so alt als die Heilkunst im engeren Sinne ist. Namentlich sind es die Inder, die in der Ausübung dieser Macht seit alters her Erstaunliches leisten. In Europa erkannte van Helmont (1621), daß die Menschen eine Kraft in sich besitzen, um auf andere zu wirken. Erst 100 Jahre später lenkte der Wiener Arzt Meßmer (1734 bis 1815) die Aufmerksamkeit der Gelehrten dieser uralten Macht wieder zu und nannte dieselbe Mesmerismus. In den 1840 er Jahren war es der englische Arzt Doktor James Braid in Manchester, welcher den Mesmerismus näher untersuchte. Er fand, daß man durch intensives Anstarren gleichfalls in schlafähnlichen Zustand versetzt werden konnte. Da er glaubte, etwas anderes entdeckt zu haben, nannte er seine Beobachtung nach dem griechischen Wort Hypnos (Schlaf) „Hypnotismus", welcher Name heute allgemein gebräuchlich ist.

Aber erst durch das Buch „Die Suggestion und ihre Heilwirkung" des Prof. Bernheim (1886), nach den Thesen Dr. Liebault's von der Hochschule zu Nancy, woselbst der Hypnotismus wissenschaftlich gelehrt wird, begann man sich in allen Ländern mit der Hypnose zu beschäftigen und deren Resultate zu veröffentlichen.

Hypnose — Suggestion. Wie schon im Vorstehenden

4

gesagt wurde, bedeutet Hypnose „Schlafzustand". — Der hypnotische und natürliche Schlaf ist ein und dasselbe, denn da jeder Mensch in den natürlichen Schlaf von selbst verfällt, so kann auch ein jeder in den hypnotischen Schlaf gebracht werden. Nach dem natürlichen ruhigen Schlaf fühlt sich jeder Mensch gestärkt, während nach ein aus schweren Träumen jäh Erwachter, matt und wie gerädert ist, und sich erst nach nochmaligem, wenn auch kurzem Schlaf gekräftigt und frisch fühlt; so ist es auch nach hyp= notischem Schlaf. Erweckt der Hypnotiseur das Medium nach aufregenden Suggestionen, ohne es zu beruhigen, so wirken dieselben weiter. Werden aber Ruhe, Wohl= befinden und Heiterkeit suggeriert, so wird sich das Me= dium auch wie nach natürlichem Schlafe frisch und munter fühlen.

Während nun jeder Mensch einschläft, ist es mit der Suggestibilität ein anderes Ding, da jeder Mensch für Suggestionen verschieden empfänglich ist. Der Mensch besitzt mehr oder weniger die Fähigkeit, die Gedanken und Eingebungen (d. i. Suggestionen) anderer Personen so in sich aufzunehmen, daß er sie für in sich selbst ent= standene Vorstellungen auffaßt.

Dr. Bernheim sagt in seinem Buch darüber folgen= des: „Das Gehirn regelt alle Funktionen des Organismus. Alle Organe stehen durch Nervenfasern mit gewissen psychischen Hirnzellen in Beziehung. Jede psychische Zelle, welche von einer Vorstellung beeinflußt wird, überträgt diesen Einfluß auf die Nerven, und diese müssen die Idee in Wirklichkeit umsetzen. Also jede vom Gehirn angenommene Vorstellung hat das Bestreben, sich in Handlung umzusetzen. Wenn ich z. B. zu jemandem sage: „Stehen Sie auf!" so steht dieser Jemand auf oder bemüht sich, aufzustehen. Selbst wenn seine Kritik da= zwischen tritt und seine Vorstellung neutralisiert, wenn der eigene Wille sich hindernd in den Weg stellt, so verrät doch die erste unwillkürliche, reflektorische Bewegung das Bestreben, aufzustehen. Könnte man alle Muskelbewegungen des Betreffenden graphisch darstellen, so würde man ohne Frage eine Kurve bekommen, die einem ersten Versuche zu der befohlenen Bewegung entspricht, die aber dann durch den Willen in dem Augenblick unterbrochen würde, wo die Bewegung tatsächlich ausgeführt werden sollte. Die Vorstellung ist Bewegung geworden oder hatte die Tendenz, es zu werden.

Sage ich zu jemandem: „Sie haben eine Wespe an der Stirn sitzen," so wird dieser Jemand ein mehr oder minder ausgesprochenes Jucken empfinden: Die Vorstellung wird Empfindung.

Sage ich: „Da läuft ein Hund," so taucht das Bild des Hundes auf und ist bestrebt, sich den Augen darzustellen. Die Vorstellung hat die Tendenz, sich in ein Bild umzuwandeln.

Jede vom Gehirn angenommene Vorstellung stellt eine Suggestion dar; und jede Suggestion hat das Bestreben, sich zu realisieren. Der Mensch ist suggestibel.

Aber für gewöhnlich wird die Suggestibilität, dieses Bestreben des Gehirns eine Vorstellung anzunehmen und in Handlung umzusetzen, durch die höheren Kräfte des Gehirns eingeschränkt, nämlich durch die Vernunft, die Aufmerksamkeit und die Urteilskraft, die den Kontrollapparat des Gehirns darstellen. Dieser Kontrollapparat wirkt hemmend oder neutralisierend auf die Suggestion ein. Die Vorstellung, welche ich zu suggerieren suche, dringt nicht ein; oder wenn sie selbst angenommen ist, so kann die Handlung, in welche sie sich verwirklichen soll, die Bewegnng (Akt des Aufstehens), die Empfindung (Jucken), das Bild (Sehen des Hundes) zwar im Bewußtsein auftauchen, aber sie kommt nicht zur Ausführung. Die Vernunft bildet ein Gegengewicht gegen die Einbildung und gegen die automatische Hirntätigkeit. Alles, was die Hirnkontrolle unterdrückt oder schwächt, erhöht die Suggestibilität, d. h. erleichtert dem Gehirn die Annahme und die Realisation der Vorstellung.

So wirkt der natürliche Schlaf. — Der Kontrollapparat wacht dann nicht mehr; die Einbildung herrscht unumschränkt. Die Träume sind die Umformung der ungeordneten Eindrücke und Ideen; wie sie das vegetative Leben und die Einbildungskraft zustande bringen, in nach außen verlegte Bilder. Die Vernunft ist nicht mehr zu ihrer Überwachung da. Leicht läßt sich zeigen, wie sehr im Schlaf das der Initiative unfähige Gehirn der Suggestion zugänglich ist. Ich finde jemanden im natürlichen Schlafe; wenn ich ihn vorsichtig anrede, kann ich manchmal zu ihm sprechen und mich mit ihm verständigen, ohne daß er erwacht; er antwortet mir. Ich hebe seinen Arm empor und halte ihn einige Sekunden hoch; er bleibt eventuell in dieser Lage. Das ist Katalepsie, d. h. Fixation der passiven Haltung des Armes durch das Fehlen der Initiative; der Betreffende behält die Stellung so bei, wie er die suggerierte Vorstellung bewahrt. Sage ich zu manchem Eingeschlafenen: „Ihre Haut ist unempfindlich," so kann ich durch diese Versicherung Anästhesie (d. i. Unempfindlichkeit) und Analgesie (d. i. Schmerzlosigkeit) hervorrufen. — Sage ich: „Da bellt ein Hund," so kann sich eine Gesichts= und Gehörhalluzination realisieren. Das ist ein suggerierter Traum. Sage ich zu Jemand, der natürlich schläft: „Stehen Sie auf, gehen Sie, arbeiten Sie," so kann ich mehr oder weniger erzielen, daß er geht und arbeitet; das heißt, ich mache ihn zu einem aktiven Somnambulen (d. i. Schlafwandler).

Ich wiederhole, daß ich das bei manchen Menschen im natürlichen Schlaf erzielen kann, mit Hilfe der natürlichen, im Schlafe physiologisch gesteigerten Suggestibilität. Ich habe keinen Hypnotismus erzeugt, ich habe keinen abnormen Zustand geschaffen; ich habe nur Suggestibilitätsphänomene demonstriert, wie sie in ihrer Intensivität individuell verschieden dem normalen Schlafe zu eigen sind.

Dieselben Eigenschaften, dieselbe erhöhte Suggestibilität suche ich bei Wachenden dadurch hervorzurufen, daß ich ihnen die Vorstellung des Schlafes beibringe, ihr Gehirn den äußeren Eindrücken der Welt entziehe, so die Vorstellung verstärke und die Hirnkontrolle durch Wort oder Suggestion abschwäche. Nun zeigt der Betreffende eine Suggestibilität wie im natürlichen Schlaf: Die Umwandlung der suggerierten Vorstellung in Bewegung, Empfindung, Bild, Handlung wird erleichtert. Ich kann so das Gehirn zu verschiedenen dynamischen Handlungen veranlassen; ich kann diese erhöhte Suggestibilität zu therapeutischen Heilzwecken verwerten.

Was man Hypnotismus nennt, — ist also nur das Intätigkeitsetzen einer normalen Eigentümlichkeit des Gehirns, der Suggestibilität. Jemand hypnotisieren heißt also, einen bestimmten psychischen Zustand hervorrufen, der, wie im Schlaf, die Suggestibilität erhöht. Auch ohne Schlaf steigert sich die Konzentration des Gehirns auf einen Sinnesreiz oder eine Vorstellung, die es sozusagen fasziniert (d. i. verzaubert). ganz und gar in Anspruch nimmt und jeden anderen Eindruck unzugänglich macht, die Suggestibilität erleichtert, also die Umwandlung dieser Vorstellung oder dieses Sinnesreizes in Handlung, Bewegung, Empfindung, Bild. Die religiöse Extase, (d. i. Verzückung) die halluzinatorischen Träume, wie sie gelegentlich auch im Wachzustand zu eigen sind, die Entfesselung der Phantasie durch Wort und Schrift, die Entfachung des religiösen, sozialistischen Fanatismus durch leidenschaftliche, mit sich fortreißende Ansprachen, Anstachelung der Triebe durch gute und schlechte Leidenschaften, das alles sind tägliche Suggestionszustände."

Wird in einer Gesellschaft gegähnt, so gähnen andere mit, Furcht, Traurigkeit, Lachen, alles dies steckt andere an. Sehen Sie Jemand an und sagen: „Du wirst gleich lachen! — so wird der Aufgeforderte in den meisten Fällen nur mit Mühe das Lachen unterdrücken können. Dies alles sind Suggestionen, zu der es keiner Hypnose bedarf.

Gefahren der Hypnose. — Die Hypnose wirkt nie schädlich, im Gegenteil, da vor und während der Hypnose Wohlbefinden suggeriert ist, so wird sich das Medium stets frisch und munter befinden. Der schon vorerwähnte Dr. Bernheim sagt: Auf Grund mehr als 10 jähriger Erfahrung an tausenden mit Suggestion behandelten Kranken erkläre ich, daß unsere Methode, richtig angewandt, oft nützt, nie schadet. Nicht verbieten oder verachten solle die offizielle Medizin das Studium der Suggestion, sondern sie sollte dafür sorgen, daß es ein obligatorischer Lehrgegenstand für die zukünftigen Ärzte wird. Denn ohne eindringende Kenntnisse des psychischen Elements in den Krankheiten und seiner pathogenen und therapeutischen Rolle gibt es tatsächlich keine Ärzte, sondern nur Tierärzte!

Der Züricher Arzt Dr. G. Ringier schreibt: „Ich kann nur hier wiederholen, was ich früher schon gesagt habe, nämlich, daß ich nie, auch nicht in einem einzigen Falle, einen schädlichen Einfluß der Hypnose gesehen habe."

Prof. Dr. P. J. Möbius in Leipzig schreibt: „Es gibt ja Ärzte, die vor ihr warnen, aber das sind eben solche, die nicht aus eigener Erfahrung, sondern aus theoretischem Bedenken Gegner der hypnotischen Suggestion geworden sind."

Dr. med. Freiherr A. v. Schrenk-Notzing in München sagt: „Bei sachverständiger Anwendung, d. h. Einhalten der bekannten Kautelen, ist nach meiner Erfahrung hypnotische Einflußnahme zum Zwecke therapeutischer Wirkung unschädlich, auch wenn man denselben Patienten hundertmal das Jahr hindurch fort und fort hypnotisiert."

Gegen seinen Willen ist kein Mensch zu hypnotisieren, denn die erste Bedingung zur Erlangung der Hypnose muß die Erwartung seitens des Mediums sein, andernfalls bilden sich Autosuggestionen. In der Hypnose zeigt sich der wahre Charakter des Menschen, so wird ein gut= erzogener Mensch sich stets weigern, eine Handlung aus= zuführen, welche gegen seine moralischen Grundsätze ver= stößt. Befehlen Sie jemandem in der Hypnose: „Morgen Vormittag 9 Uhr springst du zum Fenster hinaus," so wird dem Medium um diese Zeit wohl der Gedanke kommen — er wird schließlich auch sagen: Jetzt kann mir aber ein dummer Gedanke! aber der Selbsterhaltungs= trieb hindert das Medium an der Ausführung, er ist stärker als der Befehl des Hypnotiseurs. Der Hauptschutz des Mediums besteht aber darin, daß niemand, auch der geschickteste Hypnotiseur, das Aufwachen verhindern kann, namentlich, wenn dem Medium Gefahr droht; es wird sich dann jederzeit zu schützen wissen! Dem Hyp= notiseur aber ist dringend anzuraten, zu Experimenten stets eine zweite Person mit heranzuziehen, um sich auf alle Fälle gegen falsche Anschuldigung, peinliche Zu= mutungen und spätere Anklagen zu schützen!

Der Wert der Hypnose. — Der Wert der Hyp= nose und der Suggestion ist ein so großer, daß er sich wohl kaum überschätzen läßt. Nicht nur Schmerzen und Krank= heiten der Nerven, sondern auch seelische Depressionen werden gehoben. Glück und Freude bringt er in das Haus, wo Schmerz und Elend herrschte. Die den Geist unterjochende Melancholie wird durch Hypnose gebrochen. Faulheit, Ungehorsamkeit und Undankbarkeit werden in das Gegenteil umgewandelt; üble Angewohnheiten und Störungen des Sexuallebens werden gebessert und ge= heilt. Trunksucht, Morphium= und Kokainsucht werden

durch Hypnose beseitigt, Schmerzen aller Art, als Kopf-
und Zahnschmerzen, Neuralgien, Ischias, neurasthenische
Beschwerden, Bleichsucht, Blutarmut, Appetitlosigkeit,
Schlaflosigkeit usw. usw. können durch Hypnose geheilt
oder mindestens gebessert werden; bleibt doch der Hypnotismus das Heilmittel der Natur, das Mittel, welches
die Natur den Menschen anheim gibt, seine Übergriffe
zu mildern und zu verbessern. Einige Worte des Arztes
Dr. Wetterstrand-Stockholm werden den Wert des Hypnotismus in den Augen aller Zweifelnden ganz bedeu-
tend heben. Er sagt u. a.: „. . . Ich schließe mit den
Worten, welche ich auf meine eigene Erfahrung und anderer Ärzte gründe, daß die hypnotische Behandlung in
vielen Fällen von großem und unschätzbarem Werte, und
zuweilen das einzige Mittel ist, welches zum ersehnten
Ziele führen kann, nämlich zur Wiederherstellung der
Gesundheit. Die Methode basiert auf einer durch und
durch psychischen Behandlung, und deren oft konstatierte
Wirkungen sind ebenso viele Beweise dafür, daß unser
Denken, wenn der Wille bis zu einem gewissen Grade
beschränkt und untätig ist, eine große Gewalt über unseren
Körper besitzt. Es wird der heutigen Medizin schwer,
dies anzuerkennen; sie glaubt alle Geheimnisse des Lebens
durch mechanische, physische, chemische Gesetze erklären
zu können, und bedenkt nicht, daß der Geist auch etwas
im menschlichen Organismus zu bedeuten hat, denn
ebenso sicher gibt es eine Psychotherapie, wie es eine
Psychobiologie gibt."

Wer ist hypnotisierbar? — Die Meinung, daß
nur nervöse und kranke Personen hypnotisierbar sind, ist
nicht unbedingt richtig. Nur dadurch, daß früher ausschließlich mit solchen experimentiert wurde und dann,
daß kranke Personen mit Vertrauen und Erwartung an-
gefüllt waren, wodurch sie leicht in Hypnose versetzt werden konnten, machten diese Ansicht erklärlich. In Wirk-

lichkeit ist jeder normale, geistig gesunde Mensch hypno=
tisierbar! Die meisten sofort, andere erst nach dem 2. bis
30. Versuch; oft auch erst dann, nachdem die Methode
gewechselt wurde. Leichter ist stets das andere Geschlecht
und Personen, welche an das Gehorchen gewöhnt sind,
als Soldaten, Diener usw.; sehr schwer dagegen sind
Gelehrte, Ärzte und solche Personen, zu hypnotisieren,
welche den Vorgang beobachten wollen; da alle diese
ihre Gedanken durch den Verstandeswillen der Beobach=
tung zuwenden. Ebenfalls sehr schwer und fast garnicht
zu hypnotisieren sind solche, bei denen sich die Autosug=
gestion: „Ich bin nicht hypnotisierbar," gebildet hat.
Gänzlich ausgeschlossen ist das Hypnotisieren von Kindern
bis zum 4. und 5. Jahre, sowie bei Geisteskranken, da
hier der geistige Konktat fehlt. Besonders leicht sind Per=
sonen, die im Schlafe sprechen, und Nachtwandler zu
hypnotisieren.

Störend auf die Beeinflussung können auch starke
Gemütsbewegungen, als Zorn, Angst usw. wirken.

Nach Dr. Wetterstrand waren von 3184 Personen
3,08 Prozent und nach Dr. Forrel unter 310 Personen
0 % nicht hypnotisierbar.

Wer kann hypnotisieren? — Jeder, ganz gleich,
welchem Geschlecht er angehört, vorausgesetzt, daß er
eine gute Auffassungsgabe besitzt, ist im Stande, die
Hypnose auszuführen. Aber eines ist unbedingt nötig
und zwar Ruhe, und immer wieder Ruhe! Nichts darf
den Ausführenden außer Fassung bringen, Selbstver=
trauen und Willenskraft sind die Faktoren, welche für
ein gutes Gelingen des Verfahrens in reichem Maße vor=
handen sein müssen. Wo diese fehlen, muß dasselbe
erst richtig ausgebildet und entwickelt werden, nur dann
ist es möglich, einen mächtigen Einfluß auf alle Menschen
auszuüben. Sehr zu empfehlen ist zu diesem Zwecke das
Studium des in der Lehrmittel=Bibliothek erschienenen

Bändchens Nr. 160: Wege zum Erfolg! Grundlegend zur Ausübung der Hypnose sollen nur die edelsten Motive sein; verwerflich ist es, nur um die Neugierde zu befriedigen, und aus Leichtsinn und Oberflächlichkeit zu experimentieren. Man bedenke stets, daß sich dem Ausführenden eine Person vertrauensvoll in die Hand gibt und dieses darf nie getäuscht werden. Klare Ehrlichkeit und wissenschaftliches Interesse müssen die stützenden Pfeiler sein, welche zu hypnotischen Versuchen die Veranlassung geben.

Zur Einführung! — Ehe Sie sich mit dem weiteren Studium dieser Schrift befassen, werden Sie sich erst mit dem im vorigen Abschnitt Gesagten vollständig klar, kommen Sie mit sich in das Reine und prüfen Sie sich auf die gesagten Eigenschaften! Haben Sie dies getan, so lesen Sie die nachfolgenden Abschnitte nicht nur flüchtig durch, sondern studieren Sie Satz für Satz recht aufmerksam. Halten Sie die gegebenen Vorschriften genau peinlichst inne, um ein Mißlingen zu vermeiden, fangen Sie sonst lieber gar nicht erst an, denn nichts schadet einer guten Sache mehr und bringt derselben Mißtrauen entgegen, als übereilte Experimente, welche fast immer von Mißerfolg begleitet sind. Führen Sie jeden Versuch erst bis zu seinem vollständigen Gelingen durch, ehe Sie an den folgenden gehen; nur so wird Ihnen erfolgreiche Tätigkeit zu teil werden. Erzählen Sie nicht einem Jeden von Ihrem Studium, denn die sogenannten guten Freunde sind schnell bei der Hand, den geringsten Mißerfolg in das Lächerliche zu ziehen und Sie in den Augen anderer herabzusetzen.

Die Ausbildung des Blickes und der Stimme. Die wichtigste Eigenschaft, allen Menschen direkt in das Auge zu sehen, ist ein klarer, reiner Blick, wenn Sie dieselben beeinflussen wollen. Um diesen mächtigen Blick zu entwickeln, empfehle ich Ihnen die folgenden

Übungen. Setzen Sie sich in einen bequemen Stuhl und holen tief und gleichmäßig Atem, halten ein gutes Portrait in zirka 30 bis 40 cm Entfernung vor sich hin und blicken 5 Minuten (ohne zu blinzeln) auf den Mittelpunkt der Nasenwurzel zwischen den Augen. Diese Übung machen Sie 3 bis 4 Tage lang dreimal täglich. Haben Sie diese Übung gewissenhaft gemacht, so stellen Sie sich täg= lich zweimal — früh und abends — je 10 Minuten lang vor den Spiegel und starren, ohne zu blinzeln, in Ihre eigenen Augen und nachdem Sie dieses einige Zeit ge= übt, konzentrieren Sie den Blick starr und fest auf die Nasenwurzel zwischen Ihre Augen, aber immer ohne zu blinzeln, also, nicht die Augenlider senken. Bei richtiger Übung werden Sie finden, daß sich das Auge vergrößert und der Blick glänzender wird, auch werden Sie jetzt einer Versuchsperson 2 bis 5 Minuten in die Augen sehen können. — Eine ausdrucksvolle, befehlende, aber höfliche Stimme muß sich der Hypnotiseur zu eigen machen. Um diese Stimme zu erreichen, stellen Sie sich 8 bis 14 Tage täglich ein= bis zweimal zirka 15 Minuten vor den Spiegel, oder auch Sie stellen einen Stuhl vor sich hin und bilden sich eine Person darauf ein. Nun sprechen Sie frei und ruhig über irgend ein Thema zu Ihrem Spiegelbild oder der imaginären (d. i. eingebildete) Person. Modu= lieren Sie Ihre Stimme so, daß sie klangvoll und wie oben angegeben klingt; nach einiger Übung werden Sie die angenehme Wirkung dieser kurzen Methode erkennen.

Winke. — In Ihrer Erscheinung müssen Sie in jeder Beziehung sauber und reinlich sein. Vermeiden Sie möglichst den Genuß von Tabak und Alkohol, denn nichts stößt das Medium mehr ab, und setzt den Versuch in Frage, als übeler Geruch. Ihr Auftreten sei sicher und angenehm, hüten Sie sich, ein herausforderndes Benehmen zur Schau zu tragen. Sprechen Sie nicht zu viel, aber be= stimmt. Seien Sie nicht nachsichtig gegen sich selbst und

andere. Auf keinen Fall lassen Sie sich aber in Vertrau=
lichkeiten mit dem Medium und Patienten ein, ohne aber
unhöflich zu sein. Ehrlichen und aufrichtigen Charakter
sowie Gerechtigkeitssinn setze ich bei Ihnen unbedingt
voraus. Das Medium muß fühlen, daß Sie demselben
in jeder Beziehung geistig überlegen sind. Passen Sie
sich dem Bildungsgrad des Mediums an. Drängen Sie
sich niemandem zum Hypnotisieren auf; sagen Sie höchstens
dieser oder jener würde sich gut als Medium eignen.
Sagen Sie jedem Medium am Schlusse stets: Niemand
kann Sie ohne Ihren Willen beeinflussen. Legen Sie in
Ihre Sprache die Empfindung der Gemütsstimmung,
welche Sie hervorrufen wollen. Machen Sie das Medium
nur normal, wenn es vollkommene Ruhe zeigt und Sie
demselben Wohlbefinden suggeriert haben. Beschäftigen
Sie sich noch 5 bis 10 Minuten mit dem Medium, denn
es unterliegt noch einige Zeit der Beeinflussung Anderer;
reden Sie von gleichgültigen Dingen und seinem Wohl=
befinden mit ihm. Eine öftere Beeinflussung steigert
die Suggestibilität des Mediums. Nehmen Sie Ihre Ver=
suche in einem Raume mit reiner Luft und höchstens mit
15 Grad Wärme vor. Bewahren Sie Ruhe bei jeder Ge=
legenheit. Nennen Sie als Anfänger Ihre Versuche nicht
Hypnotismus, sondern sprechen Sie einfach von intere=
santen und physischen Experimenten. Sagen Sie sich
im Innern bei Ausführung eines Experimentes stets:
Du mußt tun, was ich dir befehle. Du kannst nichts an=
deres, als das ausführen, was ich dir sage! — Dies wird
Ihr Selbstvertrauen ungemein heben und Ihrem Blick
ungeheure Kraft geben. Es kommt vor daß ein Medium
welchem Schlaf suggeriert wurde, nicht aufwachen will,
so lassen Sie sich nicht verblüffen, sondern fragen Sie
dasselbe, wie lange es noch schlafen will, ob 2 oder 3 Mi=
nuten? Das Medium wird stets die höhere Zahl ant=
worten, denn es will noch die längere Zeit schlafen. Sagen

Sie dem Medium: Die Müdigkeit verschwindet mehr und mehr, Sie fühlen sich sehr wohl — eine Minute ist bereits verstrichen — die zweite ist vorüber! Merk auf, Du darfst jetzt nur noch eine halbe Minute schlafen — jetzt eine Viertelminute — und jetzt — erwache! Das Medium erwacht auf diese Suggestion immer.

Erster Versuch im Wachzustande. — Dieser, und die im nächsten Abschnitt angegebenen Versuche sollen in erster Linie das Selbstvertrauen des Anfängers stärken. Da der Anfänger meist logischer Weise ein Mißlingen befürchtet und demnach Angst hat, lächerlich zu erscheinen, so ist es angebracht, den Beteiligten klar zu machen, daß die Versuchspersonen ihre Willenskraft zusammen nehmen müssen, um alle anderen Gedanken von ihrem Geiste fern zu halten, die nicht mit denen des Versuchsführenden gleichstimmen. — Lassen Sie eine kleine Gesellschaft mehrerer jungen Leute im Alter von 15 bis 25 Jahren einen Halbkreis bilden und in bequemen Stühlen Platz nehmen und ermahnen Sie dieses kleine Kränzchen, während dieser Versuche absolutes Schweigen zu beachten, sowie alles Scherzen und alle Bemerkungen zu unterlassen. Halten Sie eine kleine Ansprache, in welcher Sie betonen, daß zum Gelingen des Versuches die volle Aufmerksamkeit erfordert wird und sich niemand ihrem Einflusse entziehen will. Bitten Sie die Gesellschaft, sich vollständig passiv und empfänglich zu erweisen, damit Ihre Worte die Eindrücke hervorrufen, welche zur tatsächlichen Wirkung notwendig sind. Sie werden jetzt eine Erschlaffung und Untätigkeit der Muskeln herbeiführen. Hierauf setzen Sie sich auf einen Stuhl so vor die Gesellschaft, daß Ihr Gesicht derselben zugekehrt ist und sagen in höflichem aber bestimmtem Tone: „Setzen Sie sich recht bequem auf Ihren Sitz und zwar so, daß die Füße den Fußboden vollständig berühren, legen Sie die Hände mit aneinander gelegten Fingern auf die Knie und heben auf mein Kommando „links" die linke, und „rechts" die rechte Hand, zirka 30 cm hoch und lassen jeweilig die rechte oder linke Hand ohne jede Anstrengung und völlig schlaff auf die Knie zurücksinken. Sie kommandieren nun: „Links", heben Ihre linke Hand hoch und alle müssen Ihnen nachahmen; nach 3 Sekunden lassen Sie die Hand schlaff zurückfallen, was von der Gesellschaft genau befolgt werden muß, nun wechseln Sie ab und lassen Sie dies sechs- bis achtmal ausführen. Dann stehen Sie auf, gehen zu jedem Einzelnen, heben dessen linke und dann rechte Hand hoch, lassen diese wieder fallen, indem Sie fest und bestimmt sagen: „Erschlaffe vollständig!" Die Hände werden wie tot niederfallen und die Muskel-erschlaffung ist eingetreten. Jetzt sagen Sie zu der Gesellschaft: „Sie befinden sich sehr wohl, und sitzen alle sehr bequem. — Ihre Muskeln sind vollständig erschlafft. Ich bitte Sie nun dringend, von jetzt ab kein Wort zu sprechen oder zu flüstern. — Ich werde nun mit jedem Einzelnen von Ihnen einige Experimente vornehmen, welche Sie sicher auf das höchste interessieren werden, nur müssen Sie ihre volle Aufmerksamkeit den Gedanken zuwenden, welche ich Ihnen einflüstern werde!"

Weitere Versuche. — Wählen Sie eine Person und lassen dieselbe mit dem Rücken gegen die Gesellschaft vor sich hinstellen, so, daß die Füße der gewählten Person auch an den Fußspitzen dicht neben einander stehen. Nun legen Sie Ihre Hände der Versuchsperson ganz leicht oberhalb der Ohren an den Kopf. Indem Sie nun Ihren Blick scharf auf die Nasenwurzel des Subjektes richten, sagen Sie ruhig: „Schauen sie mir gerade in die Augen und lassen Sie ihren Blick nicht abschweifen. Sie werden dann ins Schwanken geraten und nach vorwärts fallen, — geben Sie diesem Drange nach. Ich fange Sie auf!" Nun setzen Sie einen Fuß zurück und indem Sie Ihren Oberkörper zurückbeugen, ziehen Sie Ihre Hände ganz langsam an den Kopfseiten der Versuchsperson nach vorn, bis sich Ihre Hände einander berühren. Dann bringen Sie dieselben wieder in größerem Bogen an den ersten Platz zurück. Nachdem Sie dieses dreimal ohne ein Wort zu sprechen gemacht haben, sagen Sie, indem Sie in dem Streichen fortfahren: „Sie kommen jetzt ins Schwanken — Sie haben den Drang nach vorwärts zu fallen — Sie schwanken bereits! Geben Sie dem Drang, nach vorwärts zu fallen, nach, widerstehen Sie nicht, ich fange Sie auf .. Sie fallen bereits — Sie fallen nach vorn — Sie fallen! Geben Sie nach — — so — gut so — wachen Sie auf!" Die Versuchsperson wird tatsächlich nach vorn fallen, die Augen starr auf Sie gerichtet, doch müssen Sie das Medium vorsichtig auffangen, damit dasselbe keinen Schaden erleidet. Ehe Sie nun eine weitere Person vornehmen, wiederholen Sie dasselbe Experiment an der ersteren noch einmal. Dulden Sie aber auf keinen Fall, daß die Gesellschaft mit der Versuchsperson oder unter sich auch nur ein Wort spricht. Nun machen Sie mit allen nacheinander dasselbe Experiment mindestens mit jedem zweimal; auf keinen Fall hören Sie eher auf, bis das Experiment bei jeder Versuchsperson gelungen ist. Sie werden nun bemerkt haben, daß der eine schneller als der andere nach vorwärts fiel, ja manche sofort nachgaben. Die letzteren sind nun die besten Medien für die nächsten Versuche, doch können Sie dieselben auch an den anderen Personen vornehmen.

Treten Sie nun zuerst an diejenige Person, welche am schnellsten dem Drange des Vorwärtsfallens nachgab, heran, und blicken Sie dieselbe zirka 10 Minuten scharf und ruhig in die Augen. Lassen Sie nun deren Hände auf die Ihren legen und zwar so, daß Handfläche auf Handfläche kommt. Jetzt sagen Sie in gleichmäßigem Tonfall: „Sie haben Ihre Hände auf die meinen gelegt. —Sehen Sie mir fest in die Augen und drücken Ihre

Hände auf die meinen. — Spannen Sie den Oberarm=
muskel an und Ihre Hände legen sich immer fester auf
die meinen — immer fester — und jetzt — sind Ihre Hände
an die meinen wie festgeklebt. — Sie können Ihre Hände
nicht mehr wegziehen — versuchen Sie es! Sie bringen
Ihre Hände nicht von den meinen los!" — Sobald Sie
merken, daß die Versuchsperson die Augen von den Ihren
ablenken will oder sich Widerstand bemerkbar macht,
sagen Sie schnell: „Gut, jetzt können Sie die Hände ent=
fernen, Ihre Muskeln sind wieder erschlafft!" Auch
diesen Versuch wiederholen Sie einige Mal an ein und
derselben Person. Ich will Ihnen hierbei gleich noch=
mals ernstlich raten, erst dann ein anderes Experiment
zu beginnen, bis das jeweilige gelungen ist. Hierauf
verfahren Sie wieder wie bei dem letzten Versuche, nur
sagen Sie, nachdem die Hände der Versuchsperson an
die Ihren gefesselt sind: „Ihre Hände sind jetzt ganz an
die meinen gefesselt — wenden Sie Ihren Blick nicht
von meinen Augen — Sie können nicht anders, — Sie
müssen jetzt aufstehen — Sie stehen auf! — so — nun
müssen Sie mir folgen, Sie müssen! — Sie können
nicht anders — folgen Sie mir! — so — kommen
Sie — Sie folgen mir nach!" Sie gehen nun rück=
wärts, aber immer Ihre Augen fest auf die Nasen=
wurzel der Versuchsperson gerichtet, dieselbe wird
Ihnen mit schleppenden Schritten überall hin folgen!
Wenn Sie die Versuchsperson ein Stück geführt haben,
so bleiben Sie stehen, dabei aber immer Ihren Blick
nicht von den Augen des Subjektes abweichen lassend
und sagen nun: „Ich kann jetzt meine Hände weg=
ziehen, aber Ihre Arme bleiben starr und steif, die können
Sie nicht bewegen, Sie fühlen sich aber sehr wohl dabei."
Jetzt ziehen Sie Ihre Hände weg und sagen weiter: „Ihre
Arme sind jetzt starr und steif — versuchen Sie dieselben
zu bewegen, es geht nicht — geben Sie acht, ich blase jetzt

darauf und Sie können sich wieder frei bewegen!" Indem Sie die Hände der Versuchsperson anblasen, rufen Sie derselben schnell zu: „Sie befinden sich sehr wohl! Wach auf!" Bei dem Experiment, welches Sie als letztes dieser Versuche ausführen sollen, lassen Sie die Versuchspersonen mit dem Rücken gegen die Gesellschaft stellen und sehen dieser Person zirka 10 Sekunden starr in die Augen; dann sagen Sie, nachdem Sie mit Ihren Händen an beiden Seiten der Person, vom Oberarm bis zum Knie schnell und leicht herabfahren: „Ich habe jetzt einen magnetischen Strich gemacht und Ihre Beine sind an den Fußboden wie angewurzelt — Sie sind unfähig auch nur einen Schritt zu machen — Sie fühlen sich sehr wohl, trotzdem können Sie sich nicht fortbewegen — Sie sind wie festgeklebt — versuchen Sie vorwärts zu gehen — es geht nicht! — Jetzt blase ich Sie an und nun können Sie sich wieder frei bewegen! Sie befinden sich sehr wohl! Wach auf!" Bei den letzten Worten blasen Sie die Person an, worauf dieselbe wieder vollständig normal ist.

Was bezwecken diese Versuche. — Haben Sie die Anweisungen gewissenhaft und richtig gemacht und alles genau ausgeführt, so werden Sie unbedingt großen Erfolg erzielt haben. Durch Ausführung vorstehender Versuche soll nämlich ein doppelter Zweck erreicht werden und zwar 1. Ihre Sicherheit und Ihr Selbstvertrauen werden ungeheuer gewachsen sein. Ihr ganzes Auftreten gegen früher ist ein anderes geworden, Sie werden viel straffer und aufrechter gehen. Ihr Benehmen wird ruhiger und Ihr Handeln immer zielbewußter sein.

2. Durch diese Versuche werden Sie in der Lage sein, sich für die folgenden hypnotischen Experimente einige sehr gute Medien auszuwählen, damit Ihre weiteren praktischen Versuche vollständig gelingen. Es kann vorkommen, daß bei den gemachten Experimenten diese oder jene Per-

son bei dem Anstarren Jhrerseits die Augen schließt oder
gar einschläft, so bleiben Sie nur ganz ruhig und führen
den Versuch vollständig durch; denn Sie haben hier ein
ausgezeichnetes Medium vor sich, welches sich sehr gut
zum Hypnotisieren eignet. Es wird wohl auch Versuchs=
personen geben, welche sagen, sie hätten jederzeit Ihren
Befehlen trotzen können. So müssen Sie solche Zweifel
sofort abstellen, indem Sie zu solchen Leuten ungefähr
folgendes sagen: „Gewiß ist es richtig, daß Sie mir hätten
widerstehen können, wenn Sie's versucht oder gewollt
hätten, aber ich habe Ihnen doch im Vorhinein gesagt,
daß diese Experimente nur dann gelingen, wenn Sie sich
vollständig passiv verhalten und nur das ausführen, was
von Ihnen verlangt wird, ohne daran irgend welche
Kritik zu üben. Sie müssen weiter nichts tun, als Ihre
volle Aufmerksamkeit auf meine Worte verwenden!"
Nach solchen Worten wird die Versuchsperson wissen,
daß Sie dessen Meinung gar nicht begehren und wird in
der Folge auch keinen Zweifel mehr aufkommen lassen.
In den folgenden Abschnitten werde ich Sie nun mit
einigen der z. Z. am meisten ausführenden Methoden
des hypnotischen Verfahrens bekannt machen, da ich an=
nehme, daß Sie die vorgeschriebenen Versuche auch prak=
tisch ausgeführt und nicht nur gelesen haben. Denken Sie
daran, daß auch in diesem Falle nur die Übung den
Meister macht!

Methode Braid. — Versammeln Sie eine kleine
Gesellschaft um sich und lassen Sie dieselbe auf bequemen
Stühlen Platz nehmen, indem Sie einer jeden Person
einen glänzenden Gegenstand — ungefähr in der Größe
eines Markstückes — in die hohle Hand legen. Nun stellen
Sie sich in den gebildeten Halbkreis und sagen ungefähr
folgendes: „Ich bitte Sie, sich von jetzt ab ganz ruhig zu
verhalten, keinerlei Unterhaltung pflegen oder gar zu
scherzen versuchen; da sonst die Aufmerksamkeit abgelenkt

und die Refultate, welche wir erwarten, darunter leiden!
— Sie blicken jetzt scharf auf den glänzenden Gegenstand
in Ihrer Hand. Nach einiger Zeit wird derselbe ver=
schwommen erscheinen; Sie werden nach und nach in
Schlaftrunkenheit verfallen und Ihre Augen schließen
sich!" Während dieser Worte beobachten Sie jeden Ein=
zelnen scharf und Sie werden finden, daß nach einiger
Zeit ein Teil den Kopf sinken und den Blick von einem
der Schlafenden auf den anderen wandern läßt. Doch
dürfen Sie nicht dulden, daß Personen untereinander
flüstern oder Zeichen machen. Wenn Sie nun bemerken,
daß einige beeinflußt sind, so treten Sie vor denselben
und sagen mit leiser, etwas schläfriger Stimme: „Da Sie
Ihren Blick fest auf den Gegenstand in Ihrer Hand richten,
ist die Blutzirkulation nach Ihrem Gehirn zurückgehalten
und Sie können dem Schlafdrang nicht mehr widerstehen.
Die Müdigkeit wird immer stärker und stärker; richten
Sie Ihren Blick nur immer fest auf den Gegenstand
in Ihrer Hand. — Das Blut tritt immer mehr und mehr
aus Ihrem Gehirn zurück. Sie fühlen sich sehr wohl!
Sie atmen ruhiger und tiefer, — der Schlaf tritt jetzt
ein. — Lassen Sie sich durch nichts stören! — Sie schlafen
—Sie schlafen ganz fest!" — Kurze Zeit — und einige
werden sich in tiefem Schlaf befinden. Nach einigen Mi=
nuten können Sie alle Beteiligten mit folgenden Worten
wecken: „Ich zähle jetzt bis drei! — Sobald ich drei gesagt
habe, sind Sie alle vollkommen wach und werden sich
sehr wohl befinden. Sie werden mir dann sagen, wie
tief Sie geschlafen haben und was Sie für Empfindungen
hatten! — Eins — zwei — Sie befinden sich sehr wohl,
drei!" Sofort werden alle die Augen öffnen und werden
sagen, daß sie teils ganz fest geschlafen, und nichts gemerkt
haben, andere, daß sie große Müdigkeit verspürt haben,
einige werden aber auch erklären, gar nichts gespürt zu
haben. Die Ersten sind gute Medien, die Zweiten werden

bei einer Wiederholung dieser Methode auch schlafen; die letzteren aber besitzen nicht genügend Aufmerksamkeit!

Einige praktische Experimente durch faszinieren! Wählen Sie zum Anfang eins der im vorigen Experiment am schnellsten in tiefen Schlaf verfallenen Mediums und sagen zu demselben: „Da Sie sich mir zu einigen hypnotischen Experimenten bereitwillig zur Verfügung stellen, ersuche ich Sie, daß Sie jetzt recht bequem auf Ihrem Stuhle Platz nehmen und Ihre Füße voll und ganz auf den Fußboden aufsetzen. So ist es recht! Nun nehmen Sie diesen glänzenden Gegenstand in die hohle Hand, bringen denselben zirka 15 cm vor Ihre Augen und blicken starr und unverwandt darauf! Nach einiger Zeit werden Sie fühlen, daß Sie schläfrig werden, worauf Sie nach kurzem die Augen schließen werden und in tiefen Schlaf verfallen!" Jetzt treten Sie zur Seite des Mediums und legen Ihre rechte Hand mit sanftem Druck auf den Nacken desselben. Übereilen Sie nichts! Nach einiger Zeit suggerieren Sie dem Medium mit fester Stimme: „Blicken Sie fest auf den Gegenstand in Ihrer Hand und lassen Sie sich durch kein Geräusch stören! — Nichts stört Sie, was es auch sei! Ihre Aufmerksamkeit ist nur auf den Gegenstand in Ihrer Hand gerichtet. — Ihre Augen werden immer schwerer, — immer schwerer. — Sie können dieselben kaum noch aufbehalten. — — Der Gegenstand in Ihrer Hand erscheint mehr und mehr verschwommen — aber lassen Sie Ihre Augen nicht wegschweifen, Sie werden jetzt ganz schläfrig und können die Augen kaum noch offen halten! Doch können Sie dieselben erst schließen, nachdem ich es Ihnen befohlen habe." Geben Sie nun in ruhigem, aber bestimmten Tone fortgesetzt Schlafsuggestionen. Nach kurzer Zeit ist das Medium so schlaftrunken, daß es die Augen kaum noch aufzuhalten vermag. Nun müssen Sie Ihre Stimme schleppender und schläfriger werden lassen und sagen: „Ihre

Augen werden sich gleich schließen, Sie können dieselben
kaum noch offen halten — — jetzt schließen sich Ihre
Augen! — Sie verfallen in tiefen Schlaf. — Sie werden
ruhig und tief, ganz fest einschlafen. — Schlafe fest!"
Das letzte Wort sagen Sie ruhig, aber bestimmt und legen
gleichzeitig Ihre linke Hand leicht auf die Stirn des Mediums. Nach kurzer Zeit fahren Sie leicht über die Augen
des Mediums und sagen leise: „Die Augen bleiben nun
fest geschlossen und Sie können dieselben nur auf meinen
Befehl öffnen! — Nichts kann Sie erwecken und Sie
werden alles tun, was ich Ihnen befehle! — Sie werden
über nichts erschrecken, sondern sich nur wundern, wie
diese Dinge vor sich gehen. — Sie werden sich aber trotzdem sehr wohl dabei fühlen." — Sie nehmen nun Ihre
Hand leise vom Nacken weg. Bei den Suggestionen,
welche Sie weiter geben, sprechen Sie etwas schneller
und bestimmt, legen aber stets das richtige Empfinden
in Ihre Stimme.

Erregung teilweiser Katalepsie (Starrkrampf).
— Lassen Sie dem Medium einige Augenblicke Ruhe,
dann sagen Sie, indem Sie ihm leicht und schnell über
Arme und Beine fahren und zwar von oben nach unten:
„Jetzt mache ich einen Strich über Ihre Arme und Beine
und bringe dieselben in eine wagerechte Stellung. Die
Glieder werden nun ganz starr und steif verbleiben; niemand kann diese ohne meine Einwilligung herabdrücken
oder bewegen. — Versuchen Sie Arme und Beine zu bewegen, es geht nicht!" — — — — Das Medium wird
versuchen, die Gliedmaßen herabzudrücken, doch ohne
Erfolg. — Jetzt sagen Sie: „Ich beseitige nun die Starrheit aus Ihren Gliedern, indem ich sie von unten nach
oben streiche — sooo — jetzt können Sie Ihre Muskeln
wieder frei bewegen, die Starrheit ist gewichen. Sie
befinden sich in tiefem, gesunden Schlafe. Sie werden
aber alles tun, was ich von Ihnen verlange. — Ich werde

Ihnen dann befehlen, die Augen zu öffnen, und Sie wer=
den es tun und alles das wahrnehmen, was ich Ihnen
sage und dies für Wirklichkeit halten. Sie befinden sich
aber dabei in festem Schlaf, aus dem nur ich allein Sie
erwecken kann. — — Wenn Sie auf meinen Befehl die
Augen öffnen, werden Sie in meinen Händen eine wunder=
schöne Rose erblicken. — Ich lasse Sie daran riechen und
Sie werden sich an dem herrlichen Geruch erfreuen!" —
Nun nehmen Sie ein Fläschchen Ammoniak zur Hand,
das Sie dem Medium als imaginäre Rose vorhalten und
Sie werden mit Erstaunen bemerken, daß das Medium
vermeint, den Duft einer Rose einzuziehen! Halten Sie
dem Medium die Flasche aber nur einen Augenblick unter
die Nase, damit es keinen Schaden nimmt; dabei sagen
Sie: „Öffnen Sie die Augen! Sehen Sie die herrliche
Rose in meiner Hand. — Ah! — Sie wollen sicher auch
einmal daran riechen? — Hier riechen Sie! — Ahhh!
das ist ein herrlicher Duft! — Schließ' die Augen und
schlaf!" — Bei den letzten Worten fahren Sie dem Me=
dium leicht über das Gesicht. Nach einigen Augenblicken
fahren Sie mit Experimentieren fort, da sich das Medium
jetzt in aktivem Somnambulismus befindet und zwar
werden wir die Illusion des Geschmackes erzeugen, Sie
sagen: „Wenn ich es verlange, können Sie auch ganz gut
ohne zu erwachen, aufstehen und wenn ich es befehle,
auch vorwärts gehen. Sie können mir auch mit lauter
Stimme antworten, wenn ich es wünsche! — Sie schlafen
tief und befinden sich sehr wohl! — Sie sind ein großer
Freund von Obst und essen es sehr gern! — Wenn Sie
auf meinen Befehl die Augen öffnen, gebe ich Ihnen
einen großen geschälten Apfel, welchen Sie sofort mit
gutem Appetit verzehren! — Öffnen Sie die Augen!
— Hier nehmen Sie diesen schönen Apfel und essen Sie!
— — Der schmeckt, was! — Halt! Essen Sie nicht weiter!
Entfernen Sie erst die Made, die darauf kriecht! — So,

wir wollen dieselbe fortnehmen. — Nun essen Sie weiter, er wird Ihnen sehr gut bekommen!" — Fahren Sie nun gleich fort, ein Experiment mit dem Gehör- und Sehsinn zu machen: „Aha! — Hören Sie die herrliche Musik, welche von der Straße heraufklingt? — — Kommen Sie, wir wollen an das Fenster treten! — Sehen Sie da — das Militär kommt! — Jetzt ist es vorüber, die Musik hört man nur noch ganz entfernt — das war schön, nicht wahr? Kommen Sie, setzen Sie sich wieder auf Ihren Stuhl nieder. — — Schlafen Sie!" Das Medium wird alles dies mit großer Wirklichkeit wahrgenommen haben. In diesem Stadium können Sie nun Suggestionen zur Beseitigung übler Angewohnheiten usw. geben, welche auch prompt angenommen werden. Hierauf erwecken Sie das Medium wie folgt: „Sie schlafen jetzt noch 5 Minuten tief und fest und werden dann aufwachen, ohne sich an das zu erinnern, was mit Ihnen vorgenommen wurde! Alles, was Sie jetzt gehört, gesehen und gefühlt haben, ist Ihrem Gedächtnis vollständig entschwunden. Sie werden sich sehr wohl befinden. Sie sind munter und guter Dinge und werden sich so frisch befinden, wie zuvor!" Das Medium wird meistens pünktlich aufwachen. Es gibt aber auch Fälle, wo das Medium schwer von selbst aufwacht; so legen Sie Ihre Hände auf den Kopf desselben und sagen: „Sie haben nun vollständig ausgeschlafen! Ich zähle bis drei und Sie erwachen mit fröhlicher Laune! — Eins — zwei — drei!" Bei drei blasen Sie das Medium an, und es wird erwachen, ohne sich zu erinnern, was mit ihm vorgenommen wurde. Sie können jetzt noch mehr Experimente ausführen, welche ich Ihnen bei den weiteren Methoden aus meiner Praxis demonstrieren werde. Bei richtiger Ausführung und Beachtung der gegebenen Kautelen ist Mißerfolg größtenteils ausgeschlossen.

Methode des Dr. Liebault an der staatlichen

Hochschule zu Nancy. In diesem Abschnitt werde ich mir
erlauben, Ihnen außer meinen eigenen praktischen Ver=
suchen einen interessanten Bericht aus Dr. Bernheims
mehrfach genanntem Buch mit zur Kenntnis zu bringen.
Diese Methode, welche auch die mündliche Suggestion
genannt wird, ist diejenige, welche wohl z. Zt. am meisten
namentlich zu Heilzwecken ausgeführt wird. Ich werde
Ihnen deshalb auch Experimente mit zuletzt genanntem
Endzweck vorführen und zur Nachahmung dringendst
empfehlen.

In Gegenwart des Herrn Dr. med. W. werde ich von
einer Frau aufgesucht, welche seit Jahren an chronischen
Kopfschmerzen leidet. Die Patientin wird ersucht, sich
bequem in den Stuhl zu setzen. Ich selbst setze mich ihr
gegenüber, sehe ihr ruhig und voll in die Augen und
stelle Fragen, ihre Gesundheit betreffend. Die Frau teilt
mir mit, daß sie z. Zt. furchtbare Schmerzen im Kopfe
habe. Darauf stehe ich auf, lege meine linke Hand auf
ihren Kopf und sage: „Atmen Sie ruhig, gleichmäßig und
tief durch die Nase. Ich werde Sie auf Ihr Verlangen
einschläfern und Sie während des Schlafes von Ihren
Schmerzen befreien!" — Richten Sie den Blick auf die
Spitzen der zwei Finger meiner rechten Hand und ver=
folgen Sie diese mit Ihren Augen, nichts wird Sie stören!"
Nun halte ich zwei Finger meiner rechten Hand in zirka
30 cm Entfernung und etwas über Stirnhöhe so vor die
Patientin, daß dieselbe genötigt ist, etwas angestrengt
nach oben zu blicken, um auf die Fingerspitzen zu sehen.
Während zirka 5 Minuten beschreibe ich nun langsam mit
meinem Finger Kreise mit zirka 30 cm Umfang um Stirn
und unterhalb der Augen der Patientin. Während dieser
Manipulation gebe ich in eintönigem Tone Schlafsug=
gestionen und sage: „Ein Gefühl der Schläfrigkeit über=
kommt Sie, — jetzt verspüren Sie eine Art Betäubung —
Ihre Augenlider werden warm — — schließen Sie die

Augen! — Sie sind sehr müde und schlafen gleich ein — Ihre Nerven beruhigen sich immer mehr und mehr — Ihr Herzschlag geht ruhiger — Ihr Puls schlägt lang= samer — Ihre Arme und Beine werden kühler und das Blut zieht sich von den Gliedern zurück — Sie haben keine Lust mehr, sich zu bewegen — nichts stört Sie mehr — Ihre Augen bleiben geschlossen — Sie atmen ruhiger und tiefer und jetzt schlafen Sie ein ... Schlafen Sie!" Einige Minuten überlasse ich die Patientin sich selbst, dann fahre ich mit der linken Hand von der Stirn aus leicht über den Kopf und belasse dieselbe im Nacken, die Rechte halte ich zirka 2 cm mit der Handfläche gegen die Stirn und sage: „Bleiben Sie ruhig und alles wird in Ordnung sein. Ihre Schmerzen verschwinden nach und nach. — Ich ziehe dieselben heraus. Ihr Kopfschmerz wird voll= ständig verschwinden. — Sie befinden sich in gesundem Schlafe und werden nur auf meinen Befehl erwachen, dann werden Sie absolut keinen Schmerz mehr empfinden; — Sie sind vollkommen gesund und frisch! Jetzt schlafen Sie ruhig tief und fest, nichts wird Sie stören, bis ich Sie erwache!" Hierauf lasse ich die Patientin zirka 10 Minuten ruhig schlafen, ohne nur ein Wort zu sprechen. Es kommt vor, daß einige die Augen nicht von selbst schließen; hier setze ich die Kreisbewegungen noch 2 Minuten fort, drücke die Augenlider leicht herab und halte dieselben geschlossen, indem ich suggeriere: „Ihre Augenlider sind wie zusammen= geklebt, Sie bringen dieselben nicht von einander! Sie werden immer müder und müder, Sie können nicht wider= stehen!" Und indem ich die Stimme senke: „Schlafen Sie!" Manche zeigen sich noch widerspenstiger, da die= selben immer herumsehen. Hier spreche ich nur von Mü= digkeit und sage, daß es des Schlafes gar nicht bedürfe, sie möge sich nur ruhig verhalten, die Augen geschlossen lassen und sich nicht rühren. Das genügt vollständig! Habe ich die Patientin 10 Minuten schlafen lassen, so erwecke ich Sie mit folgenden Worten: „Ihre Schmerzen sind nun vollständig verschwunden, Sie werden nun ganz ruhig erwachen und sich sehr wohl fühlen — Sie sind nun vollständig gesund und Ihr Kopfschmerz kommt nie wieder! — Erwachen Sie!" — Die Patientin erwacht und erklärt auf Befragen, keine Schmerzen mehr zu empfinden. Vier Wochen später wurde Patientin von Herrn Dr. med. W. befragt, ob sie wieder irgend welchen Kopfschmerz gehabt habe, dieselbe erklärt aber auf das Bestimmteste, bisher absolut nichts wieder gespürt zu haben, sie befinde sich jetzt immer sehr wohl! —

Der Buchdruckereibesitzer E. G. B. schreibt mir vier Wochen nach Behandlung mit vorher angegebener Mett= thode folgendes: Am 25. Mai a. c. befreiten Sie mich durch suggestive Therapie von einem bereits einen Monat alten heftigen Zahnreißen. Gleichzeitig muß ich bemerken, daß ich seit zirka drei Jahren an Kopfschmerzen, welche durch Überanstrengung entstanden, litt; dieselben sind durch obiges Verfahren gleichzeitig vollständig ver= schwunden und bis heute noch nicht wiedergekehrt, troß= dem meine Anstrengungen in geistiger Arbeit, resp. Nervenstrapazen dieselben geblieben sind. . . . . ." (Drei Jahre nachdem teilt mir Herr B. freiwillig mit, daß seine Anstrengungen dieselben geblieben seien, der Kopfschmerz sich jedoch n i c h t wieder eingestellt habe.)

Nach der Behandlung mit Methode Liebault schreibt der Konzert=Pianist F. U.: „. . . . . . daß ich seit der letzten Behandlung nichts wieder von dem geschlechtlichen Drange und nächtlichen Pollutionen bemerkt habe. Ich fühle mich sehr wohl und kann Ihnen für Ihre Hilfe nur dankbar sein. . . . . . ."

Herr C. P. ist Geschäftsreisender und leidet seit langem an Schlaflosigkeit; ich gebe demselben im hypnotischen Schlaf die Suggestionen, daß Abends zwischen 10 und 11 Uhr hochgradige Schlafsucht und Müdigkeit eintritt und er dem Drange, schlafen zu gehen, nachgeben muß. Bei der zweiten Behandlung, welche einige Tage später stattfand, verschärfte ich vorgenannte Suggestionen und fügte derselben noch hinzu, daß er, sobald er sich zum Schlafen in das Bett legt, nach 2 Minuten in tiefen, festen und gesunden Schlaf verfällt, aus welchem er erst früh zu seiner bestimmten Zeit aufwacht. Als ich Monate später den Herrn einmal treffe, versichert er mir glückstrahlend, daß er sich jetzt nicht mehr die halbe Nacht auf seinem Lager wälze, sondern stets sofort einschlafe, wenn er sich zu Bett lege.

Nun will ich einen Bericht von Dr. Bernheim folgen lassen. Derselbe lautet: „Nun kommt ein kräftiger junger Mann von 26 Jahren, Hüttenarbeiter. Er verspürt seit einem Jahre von einer Anstrengung her, die er damals gemacht, eine Eisenstange zu biegen, eine schmerzhafte Spannung in einer Ausdehnung von 10 cm quer um die Mitte des Leibes und in der entsprechenden Region des Rückens. Diese Empfindung ist eine ununterbrochene und steigert sich, wenn er mehrere Stunden gearbeitet hat. Seit sechs Monaten kann er nur einschlafen, wenn er sich mit der Hand auf die Magengrube drückt. Ich hypnotisiere ihn und erzeuge beim ersten Versuch bloß eine einfache Betäubung, er wacht eigenmächtig auf, sein Schmerz besteht noch immer. Ich hypnotisiere ihn darauf zum zweiten Male, wobei ich ihm verkünde, daß er tiefer schlafen und sich nach dem Erwachen an nichts erinnern wird. Er wird kataleptisch. Nach einigen Minuten wecke ich ihn auf; er weiß nicht, daß ich mit ihm gesprochen und daß ich ihm versichert habe, seine Schmerzen würden verschwinden. Letztere sind aber wirklich verschwunden, er fühlt auch keine Spannung mehr. Ich weiß nicht, ob sie wiedergekommen sind."

Daß mit dieser Methode auch Halluzinationen (Sinnestäuschungen), Anästhesie (Unempfindlichkeit) und Amnesie

(Erinnerungsschwäche) hervorgerufen werden können, sollen weitere Berichte Dr. Bernheims zeigen. Ich selbst verwende diese Methode fast ausschließlich nur zu Heilzwecken; zur Ausführung von Unterhaltungsexperimenten benutze ich eine andere Methode, mit welcher ich Sie in einem der folgenden Abschnitte bekannt machen werde.

Katalepsie. — Posthypnose. — Ehe ich Sie mit weiteren Verfahren bekannt mache, will ich Sie ganz kurz mit einigen Worten über Katalepsie und Post- oder Nachhypnose aufklären. Nicht nur einzelne Körperteile, sondern auch den ganzen Körper kann man in Katalepsie versetzen. Der Schlafende befindet sich im Zustand der vollständigen Unbeweglichkeit. Die Glieder bleiben in jeder Stellung stehen, auch wenn dieselbe noch so schwierig und unbequem ist; die Glieder sind von einer wächsernen Biegsamkeit. Hebt man einen Körperteil hoch und läßt sofort wieder los, so fällt er in den meisten Fällen wieder in seine erste Lage zurück; hält man das Glied aber einige Zeit in der gewünschten Lage, so behält es diese Stellung bei. Bei besonders starrer Katalepsie kann der Körperteil nur mit Gewalt niedergedrückt werden; läßt man los, so schnellt er wie eine Feder in die alte Stellung zurück. Der kataleptische Zustand wurde viel bei Schaustellungen angewandt und erregte große Sensation. Der ganze Körper wird starr und steif frei in der Luft hängen, indem der Hals auf der einen und die Füße auf der anderen Seite eines Gegenstandes ruhen. Durch Suggestion wird dem Medium noch gesagt, es könne ungeheure Lasten auf seinem Körper tragen und tatsächlich können sich zwei bis drei oder mehr Personen auf den Körper des Mediums stellen, ohne daß dasselbe Schaden erleidet.

Nach- oder Posthypnose beruht auf der Eigenschaft des Gehirns, sämtliche Eindrücke und Wahrnehmungen zu registrieren, um im gegebenen Falle wieder in Erinne-

rung zu treten. Z. B. führt ein Medium, mit welchem
öfter experimentiert wurde, alle während der Hypnose
gegebenen Suggestionen genau zu der Zeit aus, welche
vom Hypnotiseur bestimmt wurde. Sagen Sie beispiels=
weise zum Medium: „5 Minuten nach Erwachen werden
Sie nach Hause gehen wollen; Sie finden aber an der
Tür den Drücker nicht! Sie setzen sich dann nochmals
nieder und sagen zu der Gesellschaft: „eigentümlich,
an allen Türen ist kein Drücker angebracht!" — Mit ihrem
Nachbar zur Rechten wollen Sie Händel anfangen, so=
bald ich sie aber berühre, sind Sie wieder vollständig Herr
über sich selbst und erinnern sich an den Vorfall nicht mehr!"
Es wird sich nun alles in dieser Weise genau so abspielen,
wie befohlen wurde. — Sie ersehen daraus, da die Nach=
suggestionen nach dem Erwachen nach Stunden, Tagen,
ja selbst Jahren nachwirken, welche ungeheure Macht
in der Posthypnose liegt und wie dieselbe zu Erziehungs=
zwecken, sowie zur Beseitigung übler Angewohnheiten
und therapeutischen Behandlungen verwendet werden
kann. Hierin gerade liegt der Wert der Hypnose und
der Suggestion!

Methode des Zählens! — Es finden sich auch
Personen, namentlich nervöse Frauen, bei denen zur Er=
zeugung der Hypnose eine besondere Methode angewandt
werden muß. Dieselbe ist einfach und schlägt auch meist
dort an, wo Sie es mit widerspenstigen Medien zu tun
haben. Durch diese Zählmethode gelingt es oft sehr bald,
das Medium einzuschläfern. Selten braucht man mehr
als viermal von 1 bis 20 durchzuzählen. Sie lassen das
Medium in einem bequemen Polsterstuhl Platz nehmen
und sagen: „Sie werden jetzt genau alles so ausführen,
wie ich es Ihnen vorschreibe. Ich werde jetzt laut zählen,
wodurch Sie eingeschläfert werden. Sie schließen jetzt
die Augen und sobald ich eins sage, öffnen Sie dieselben;
sehen mich eine Sekunde lang an und schließen die Augen

wieder. Sage ich dann „zwei", so machen Sie die Augen
wieder eine Sekunde auf, sehen mich an, schließen sie
wieder, um dann bei jeder Zahl, die ich ausspreche, zu
wiederholen!" Sie zählen nun langsam von 1 bis 20, in=
dem Sie zwischen jeder Zahl eine Pause von 5 Sekunden
machen. Schläft das Medium nach dem ersten Durch=
zählen nicht ein, so fangen Sie wieder von eins zu
zählen an, nur verlängern Sie die Pause von 5 auf 15 Se=
kunden und nach einigen dementsprechenden Suggestionen
verfällt das Medium bald in tiefen Schlaf.

Das Hinaufrollen der Augen nach oben. —
Durch die Vorträge eines erfolgreichen Hypnotiseurs
angeregt, befaßte ich mich auch mit dieser Methode und
benutze nach eingehendem Studium dieselbe jetzt fast aus=
schließlich zu meinen praktischen Experimenten. Ich werde
Ihnen einige Experimente aus meiner Praxis vorführen
und Sie werden die Art und Weise dieser Methode sehr
leicht herausfinden. Nach der üblichen beruhigten Ein=
leitung, lasse ich die, sich für Experimente zur Verfügung
stellenden Personen wie bisher auf Stühlen Platz nehmen,
die Füße voll und ganz auf den Fußboden stellen und die
Hände wie bei allen Experimenten mit aneinanderge=
legten Fingern auf den Knieen legen. Ich trete nun an eine
Person mit der Aufforderung, mir fest in ein Auge sehend
und ruhig tief durch die Nase Atem holend, heran. Dann
sage ich: „Schließen Sie die Augen und bringen Sie diese
im geschlossenen Zustande nach oben, atmen Sie ruhig
weiter! — Sie sind vollständig von mir beeinflußt. —
Ich mache einen Strich über Ihre Augen und Sie können
die Lider nicht mehr öffnen. — Aber die Augäpfel oben
lassen! — Versuchen Sie die Augen zu öffnen; es geht
nicht! — Versuchen Sie nicht weiter, es geht ja doch
nicht!" — Dann mache ich gewöhnlich die Arme und Beine
kataleptisch oder ich sage auch: „Öffnen Sie den Mund
recht weit, ich mache einen Strich und Sie können ihn

nicht mehr schließen! — Versuchen Sie, es geht nicht! — Ich lege nun meine Hand auf Ihren Kopf, nun schließt sich der Mund langsam wieder, sobald ich meine Hand wegziehe, sind Sie aber nicht imstande, die Zahl „Drei" auszusprechen; Sie haben die Zahl vollständig vergessen! Zählen Sie! — Die Zahl drei können Sie nicht aus= sprechen!" Das Medium wird sich vergeblich bemühen, die Zahl drei auszusprechen. Auf diese Weise können Sie auch den eigenen Namen des Mediums vergessen machen. Vor dem Aufwecken geben Sie wie bei allen Methoden die Suggestion des Wohlbefindens und den Befehl, daß das Medium ohne seinen Willen nicht zu beeinflussen sei.

In einer Gesellschaft führe ich auf diese Art nach= folgende Experimente aus. Dem Frl. M. L. (20 Jahre alt) sage ich im beeinflußten Zustand: „Sieh mal an, kleine L., du bist aber gewachsen. — Sieben Jahre bist du jetzt? Du bist sieben Jahr!" Sie nickt. — „Du kannst doch sprechen, sage doch ja." — „Ja!" antwortet sie. — „Du gehst doch schon in die Schule, da kannst du doch auch deinen Namen auf diese Tafel schreiben. So, hier hast du den Griffel dazu, nun schreib deinen Namen!" Sie benimmt sich genau, wie ein kleines Mädchen in dem angegebenen Alter und schreibt ihren Namen mit un= beholfener Schrift. — Nun lasse ich ihr die Augen wieder schließen und gebe ihr die Suggestion, daß, wenn sie die Augen wieder öffnet, sie 12 Jahre alt sei und sich bei ihrer Tante auf Besuch befindet. Ich sage: „Öffne die Augen. — Ich bin deine Tante H. Hier, trink erst diese Tasse Kaffee (mit diesen Worten gebe ich ihr ein Glas kaltes Wasser). — Er ist aber sehr heiß, du mußt erst blasen, (sie führt dies aus und trinkt mit Wohlbehagen das Wasser für den heißen Kaffee). — So, nun nimm diesen kleinen Schreihals in deine Arme und bring' ihn zur Ruhe (ich gebe ihr einen Handfeger in die Arme und sie wiegt und singt das imaginäre Kind zur Ruhe). —

Schließe die Augen, ich zähle bis drei. Du bist wieder vollständig Herr über dich selbst und wirst mit fröhlichem Lachen über diesen Scherz erwachen, eins — zwei — du befindest dich sehr wohl — drei!" Mit herzlichem Lachen schlägt Frl. L. die Augen auf. —

In Gegenwart des Herrn Dr. W. führe ich an Herrn F. U. einige Experimente aus. Ich versetze Herrn U. in Katalepsie, ich verwandle ihn in eine Eisenstange. Er ist starr und steif, kein Glied kann gebogen werden. Dann beeinflusse ich ihn wieder und sage zu ihm: „Wenn Sie auf meinen Befehl die Augen öffnen, befinden Sie sich im Theater. Sie wollen sich auf Ihren Platz begeben, welcher aber bereits von einem Herrn besetzt ist. Sie fordern denselben dreimal höflich auf, Ihren Platz frei zu machen, wenn derselbe aber nicht geht, werfen Sie ihn einfach von Ihrem Platz herunter. Sie setzen sich dann ruhig auf Ihren Platz und hören und sehen mit Interesse der Oper Mignon zu. — Nach einer Minute schließen Sie die Augen und sind dann auf meinen Befehl wieder vollständig normal und befinden sich sehr wohl und mun= ter!" — Sämtliche Suggestionen führt das Medium U. gewissenhaft im somnambulen Zustande aus.

Hieran anschließend läßt sich Frau Dr R. zum ersten Mal hypnotisieren. Nach Beeinflussung lasse ich die Augen öffnen und bringe ihre Hände in kreisförmige Bewegung um einander, mit dem Befehl, daß sie nicht eher aufhören kann, bis ich es wünsche. Hierauf lasse ich sie aufstehen, ziehe mit dem Finger einen Strich auf den Fußboden, mit dem Bemerken, daß sie nicht darüber hinweg kann. An der betreffenden Stelle angelangt, ist es ihr unmög= lich, auch nur einen Schritt über diese Stelle zu tun. Ich fahre mit der Hand leicht über ihre Augen, indem ich sage: „Jetzt können Sie weiter gehen, aber über die Türschwelle kommen Sie nicht hinweg, Ihre Füße sind wie angeklebt!" Auch dieses führt sie gewissenhaft aus, es ist ihr unmöglich, über die Türschwelle zu gehen. Erst nachdem ich ihr sage, sie solle sich an der Nasenspitze fassen, dann sei der Bann gelöst, sie sei wieder Herr über sich selbst und befinde sich wohl und munter, ist es ihr möglich, sich wieder frei zu bewegen. Auf diese Weise lassen sich unzählige Experimente ausführen, doch werden die angeführten zur Ausbildung genügen.

Ein interessanter Fall. — Im Laufe einer Unterhaltung erzählt ein junger Mann, daß er seinen Ring vor längerer Zeit jemanden gegeben habe, er könne sich aber trotz scharfen Nachdenkens nicht erinnern, wem. Ich schlage ihm vor, doch einmal einen Versuch mit der Hypnose zu machen, wozu er sich auch bereit erklärt. Nach den üblichen Vorbereitungen sage ich zu dem in der Hypnose befindlichen jungen Mann: „Sobald ich meine Hand auf Ihre Stirn lege, wissen Sie sofort, wem Sie Ihren vermißten Ring gegeben haben und werden laut und deutlich den Namen desselben sagen!" Indem ich meine Hand auf seine Stirn lege, sagt er sofort einen Namen und wie sich später herausstellt, ist es zum Erstaunen aller Anwesenden der Richtige; am anderen Abend hatte der junge Mann seinen Ring wieder im Besitz. Ich könnte noch mehr derartige Fälle anführen, wodurch selbst Gegenstände an das Tageslicht befördert wurden, welche vom Medium vor Jahren verlegt waren. Der Wissenschaft halber aber genügt die Anführung des einen Experimentes.

Hypnose in der Ferne. — Unter Zugrundelegung der Posthypnose ist es sehr leicht, Suggestionen auf weite Entfernungen zu erteilen. Habe ich mit einem Medium einige Male experimentiert, so gebe ich den nachhypnotischen Befehl, daß es alle meine schriftlichen oder telephonischen Suggestionen ausführt. Bei richtiger Beachtung aller bekannten Kautelen wird dieses Experiment immer gelingen.

Träumen auf Befehl. — Ein hochinteressantes Gebiet für alle die, welche sich mit Psychologie beschäftigen ist zweifelsohne der Schlaf des Menschen und seine Träume. Hier tritt die Frage ernsthaft an jeden heran, ob die Behauptung vieler gelehrter Forscher auf dem Gebiet der Psychologie zutrifft, daß Geist und Seele sich unter gewissen Umständen von dem an Mutter Erde gefesselten physischen Körper loslösen und zeitweilig freimachen können. Ein ungelöstes Rätsel! Die meisten Träume entstehen durch größere Eindrücke des Schlafes, die Bilder wechseln, Erlebtes verändert sich blitzschnell in ein anderes und in 99 von 100 Fällen ist beim Erwachen das Geträumte dem Gedächtnis entschwunden.

Durch mehrere Experimente habe ich nun erreicht, daß von mir in hypnotischen Zustand Versetzte auf gegebenen Befehl die Träume im Gedächtnis behielten und mir am anderen Tage erzählten. Aber nicht nur dies habe ich beobachtet, sondern ich konnte die Träume auch vorher bestimmen; ich ließ auf Befehl träumen. Den Hyptonisierten sage ich, er wird die kommende Nacht das träumen, was ich ihm jetzt erzählen werde und er solle mir diesen Traum, sobald er mich am nächsten Tage sieht, erzählen. Ich kann meiner Phantasie die größte Freiheit geben, das Medium wird das von mir Gewünschte in seinem natürlichen Schlafe in der ganzen Lebhaftigkeit genau so träumen. — In vielen Fällen ist es auch möglich, durch vorsichtiges Herantreten eines im natürlichen Schlafe befindlichen durch mit leiser Stimme gegebene Befehle die Träume desselben nach Willkür zu lenken.

Erziehung im natürlichen Schlafe — Durch das im vorigen Abschnitt gesagte ist es wohl sehr naheliegend, mittelst Suggestionen auf im natürlichen Schlaf befindliche, namentlich Kinder, in erzieherischer Weise zu wirken. Keine Mutter, kein Vater solle versäumen, in dieser Art auf seine Kinder einzuwirken! Die Erziehung

im natürlichen Schlafe sollte ein Universalerziehungs=
mittel sein, da der Vorgang höchst einfach und leicht aus=
führbar ist. Wählen wir einen häufig vorkommenden
Fall. Ein Kind kann nicht unbefangen sprechen, es kommt
ins Stottern, hat Angstgefühl, wenn ein Erwachsener mit
demselben spricht. Die Mutter oder der Vater sagt abends
kurz vor dem Schlafengehen zu dem Kinde, daß er diese
Nacht bei demselben schlafen und sich im Schlafe mit ihm
unterhalten wolle. Nach dem Einschlafen legt sich der
Vater oder die Mutter zu dem Kinde und gibt, falls das=
selbe erweckt, Schlafsuggestionen. Schläft das Kind fest,
so streicht man mit der rechten Hand leise über die Stirn
desselben, um die Aufmerksamkeit im Schlafe zu erregen
und sagt wiederholt: „Du wirst ruhig und tief weiter
schlafen; du wirst mich aber hören und du kannst auch mit
mir sprechen, ohne daß du aufwachst." Nach einiger Zeit
wiederhole man dasselbe und sage dann: „Du kannst mir
auf meine Frage antworten, du hörst mich. Sage ja!"
Meist wird das Kind nun die Lippen bewegen, ohne deut=
lich antworten zu können. Dem trage man Rechnung und
sage: „Ich lege jetzt meinen Finger auf deine Lippen
und nun kannst du laut und deutlich sprechen." Das Kind
wird nun deutlich Ja sagen. Nun fährt man fort, zu sug=
gerieren: „Dir ist es bisher schwer gefallen, ohne Scheu
fließend und ohne zu stocken zu sprechen, von morgen früh
an wirst du aber zu jedermann ebenso ruhig und fließend
sprechen wie ich, du wirst weder stocken noch stottern."
Diesen Vorgang wiederhole man noch einige Tage und
das Kind wird zu jedem frei und sicher sprechen! Wie
dieser, so lassen sich noch hunderte Fälle aus der Praxis
anführen.

Selbsthypnose. — Wie viele haben Selbsthypnose
nicht schon angewandt, um zu einer bestimmten Zeit zu
erwachen. Denn das bekannte Anstoßen der großen Zehe
an den Bettpfosten mit dem festen Willen, um die oder

jene Zeit zu erwachen, beruht nur auf Selbsthypnose. So gut wie dies im Scherz oft getan wird, so ist es wohl einleuchtend, wenn mit großem Ernst und festem Willen durch Selbsthypnose die Gesundheit und der Charakter gebessert werden kann! Zu diesem Zwecke geht man folgender Art vor:

Ziehen Sie sich ganz allein in ein ungestörtes ruhiges Zimmer zurück; setzen sich in einen bequemen Stuhl, einem Spiegel gegenüber. Nun holen Sie ruhig und tief gleichmäßig Atem und blicken unverwandt auf die Nasenwurzel Ihres Spiegelbildes mit dem festen Vorsatze, tief und fest einzuschlafen und nach 10 Minuten gesund und frisch mit großer Charakterstärke zu erwachen! Wiederholen Sie dies einige Male und der Erfolg wird Ihnen gewiß sein.

Inwieweit der Hypnotismus und die Suggestion das Seelenleben des Menschen beeinflußt, bedarf noch der sorgsamen Forschungen durch berufene Vertreter der Wissenschaft. Namentlich sind es die Phänome der Traumtänzerin und hauptsächlich der im vergangenen Jahre bekannten Traummalerin Frieda Gentes, deren herrliche Bilder in verschiedenen Großstädten ausgestellt waren, trotzdem es ihr im Wachzustande ganz unmöglich ist, etwas ähnliches zu vollbringen. Die Augen beinahe geschlossen, die linke Hand zwischen Gesicht und Zeichenbogen gehalten, verfertigte sie farbige stilisierte Zeichnungen. Namentlich Motive von Meerestieren und -Pflanzen zeichnete sie in unglaublich kurzer Zeit in brillantester Farbenwahl. Die besten Maler erklärten, mindestens die drei- und vierfache Zeit zu gebrauchen, um ähnliches zu vollbringen. Das Rätselhafte ist, daß sie alle hergestellten Malereien mit den Initialen C. v. R. oder dem Namen des im Jahre 1806 in Italien verstorbenen Malers Conrad von Ramsari und den Jahreszahlen 1806 bis 1910 bezw. 1911 versieht. Noch ungelöster ist auch

das Rätsel des sonnambulen Zustandes beim vorherge=
nannten Medium, daß es die Gabe besitzt, Ereignisse vor=
her zu bestimmen und auch zu sehen und zu hören, was
in der ferne passiert vorher und später geschieht. Ich will
hier nur einen der gravierendsten fälle feststellen, welche
in einigen Zeitungen und Zeitschriften durch längere
Artikel bekannt wurden. Am 26. September 1908 sagte
fräulein Gentes ohne jede äußere Veranlassung zu
ihrer Umgebung, daß ihre Schwester sterben würde.
Alles Ausreden half nichts, sie blieb dabei und es trat
ein mehrstündiger taumelartiger Zustand ein, während
welchem sie ihre Behauptung wiederholte. Inzwischen
verkündeten Extrablätter die große Katastrophe des be=
kannten Berliner Hochbahnunglückes und durch einen aus=
geschickten Boten, welcher am Abend zurückkam, wurde
festgestellt, daß die Schwester bei diesem Unglück den Tod
gefunden, den frl. frieda Gentes bereits vier Stunden
vorher gewußt hatte! fürwahr, es gibt noch viel Geheim=
nisvolles in der Natur zu lösen!

Schluß. — In diesem Schriftchen biete ich Ihnen
einen Kursus, welcher es Ihnen ermöglicht, auf billige
Weise bei richtiger Ausführung der betr. Kautelen den
Hypnotismus und die Suggestion praktisch auszuüben.
Ich weise zum Schluß nochmals auf den großen Segen
hin, welchen der Hypnotismus von den Eltern den Kin=
dern, dem Gatten — der Ehefrau gegenüber angewandt,
ausübt. Der Hypnotismus ist keine Gefahr. Er bringt
nur Gutes! Das Gegenteil liegt nur im Menschenherz
selbst und Sie sind berufen, durch die Anwendung des
Hypnotismus mit zu helfen, daß das Edle und Reine an
die Oberfläche kommt und den schlechten Charakter so
vieler Menschen verdrängt!